# ZOROASTRE,

## HISTOIRE

### TRADUITE DU CHALDÉEN.

*Nec vanos timuit strepitus Acherontis avari.*

# A BERLIN,

A l'Enseigne du Roi Philosophe.

## M. DCC. LI.

S. Augustin a observé (li. Confession)
qu'il commença à réller en
dormant, ce que Aristote et
Hippocrate attribuent à tous
les enfants, ... qu'ils
pleurent et crient en naissant,
et que si nous en exceptons le
seul _Zoroastre_, personne
n'ait jamais ri devant le
quarantième jour, selon que
Pline l'assure;* n'est non point
... apprendre que
nos ris et nos (réjouissances)
ne doivent ... que des
... ce des Illusions au lieu
que les déplaisirs que nous
ressentons dès l'article de la
... ... tiennent ... fidèle
et essentielle compagnie jusque
à son dernier article...

Lamothe Levayer
tome 13. p. 196. ed.
1669.

* hist.
nal.
proem.
li.7. et
c. 16.

# EPITRE

## A MR T. A. D. M.

MONSIEUR.

C'Est un Homme qui ne vous connoît pas, qui peut-être ne vous connoîtra jamais, qui n'espere rien de vous, qui vous adresse cet hommage; à vous, son égal, à vous qui ne brillez d'aucun titre éminent parmi les hommes. Il doit vous en être plus flatteur. C'est que ni l'intérêt ni la vanité ne déciderent jamais de ma vénération ; mais mon estime pour les lumieres & les vertus. Irois-je préférer aux fruits de l'étude & du génie, des titres transmis par une aveugle naissance, ou donnés par une fortune plus aveugle encore ? Me verroit-on encenser des hommes brillans d'une grandeur qui m'accable, ou tout au moins indifférente à mon bonheur, tandis que je refuserois mon respect à ces ames sublimes, qui ne s'élevent que pour m'éclairer, ou à ces génies aimables, qui dans des veilles heureuses, se consacrent à m'embélir. Vous vous êtes montrés l'un & l'autre dans un Livre charmant confacré aux mœurs. Vous avez ofés devoiler la vérité aux hommes. Vous avez fait plus: vous l'avez fait aimer. Vous avez frappé ces deux excès: l'impiété & la fuperftition. Si l'on peut vous reprocher quelques portraits, c'eft que vous avez imaginé que l'éclat de la vertu feroit mieux relevé par les contraftes. Je fus charmé, en méditant votre ouvrage, de trouver l'hiftoire de mon cœur, les fentimens que j'avois toujours eus. Je fus encore plus charmé de les voir fi embélis. Zoroaftre me tomba alors entre les mains. On me força de le donner au Public. C'eft la coutume de choifir quelque Grand pour protecteur de ses essais. Je ne balançai pas un moment à préférer un Philosophe. A qui pouvois-je mieux dédier l'Histoire d'un Sage qu'à un Sage ?

J'ai l'honneur d'être,

MONSIEUR,

Votre très-humble
& très - obéissant
serviteur * * *.

# PRÉFACE.

UN de mes Amis, qui a fait un long séjour dans l'Orient, m'apporta à son retour, parmi plusieurs papiers, un Manuscrit Chaldéen, qu'il me dit être fort révéré de la secte des Guébres. Comme je me suis appliqué aux Langues sçavantes, je vins enfin à bout de le déchifrer après bien des travaux. Je fus charmé d'y trouver la vie du plus fameux & du moins connu de tous les Philosophes.

Zoroastre a eu le sort de tous les grands hommes. De tous les tems

Pagination incorrecte — date incorrecte

NF Z 43-120-12

on a parlé de lui, & de tous les
tems on a difputé à fon fujet. Tout
ce qui a paru jufqu'ici de ce célébre Perfonnage, a été regardé
comme incertain, & a femblé
n'avoir d'autre avantage que de
procürer aux fçavans le plaifir
de contefter avec fureur fur des
chofes indiflérentes. Le tems où
il a vêcu, fon état, fes mœurs,
fa doctrine, ont fourni un beau
champ à leur débats. Les uns le
font vivre du tems de Sémiramis.
D'autres le confondent avec
Abraham. Beaucoup fe font ac-
cordés à ne lui pas donner une
origine plus reculée que le regne
de Darius Hydafpe. On l'a fait
Roi, Pafteur, Vainqueur, Ty-

ran, Prêtre, Captif. Mais où l'on a le plus varié, c'est sur sa doctrine. Une partie l'a regardé comme un Prophète. Une autre, ( & qui ne lui fait pas moins d'honneur ) comme un Sage, qui a éclairé ses Concitoyens.

L'Orient en général l'a révéré beaucoup. L'occident ne lui a pas été si favorable. Par tout les dogmes les plus bizarres ont pris naissance sous son nom.

C'est un malheur qui suit l'éclat. Les foibles s'attachent à un nom fameux, & il suffit d'avoir été respecté, pour qu'un cerveau malade vous prête tous ses égaremens. Les Perses , qui ado-

roient le Soleil , croyoient Zoroaftre l'Auteur de ce culte. Les
Indiens qui invoquent le Diable
( car les chiméres mêmes ont des
adorateurs ) s'appuyent de fon
autorité. Les Manichéens l'ont
regardé comme leur pere : &
combien de fectes dans les premiers tems ont prétendu avoir
puifé chez lui leurs délires? il n'a
pas été plus heureux dans ce fiécle. Il eft vrai qu'il a trouvé un
habile vangeur , mais il a eu de
puiffans ennemis. La Religion
dominante s'eft attaché à le noircir , & pour comble de malheur
un homme du fiécle paffé , que
fes lumieres & la plus vafte érudition ont fait l'idole de nos

jours, n'a pas panché en sa faveur. Il semble quitter son ton
sceptique pour se déclarer contre lui. Mais ce grand homme
ne peut-il point s'être trompé ?
N'aura-t'il point pris les cris de
ses ennemis, ou la corruption
de ses sectateurs, pour sa doctrine
même ? En effet où la trouve-
t'on ? Dans les Livres de ses ad-
versaires. N'est-ce pas juger du
mérite d'un homme par le factum
d'un Avocat qui lui est opposé ?
Qui ne sçait à quel point le culte
le plus saint se permet d'alterer
la vérité, pour noircir ce qui
lui est contraire ?

Pour moi, j'ai toujours été
porté en faveur de Zoroastre,

Outre les raisons solides qu'apporte l'Auteur de la <u>Religion des anciens Perses</u> , ce grand respect de tout l'Orient, c'est-à-dire de tous ceux qui ont été en état de le juger , & quelques fragmens dont la morale est admirable, m'avoient prévenu pour lui. Je fus enchanté de trouver un monument qui le vangeât. Mon ami ( homme croyable ) me l'a assuré très authentique : il dit que c'est la vraie doctrine de ce <u>Patriarche de toutes les Religions</u> ; qu'il a été fait sur des Mémoires restés entre les mains des Guébres , & que toute cette secte en faisoit un cas infini.

Il est vrai qu'elle n'a pas été

mieux traitée que son Auteur. Mais mon ami soutient que tout ce qu'on raconte de leur idolâtrie est faux. Ils se fâchent même quand on ose leur en parler. Il les a interrogés souvent. Il n'a cru voir en eux d'autre crime que de rejetter des vérités sublimes, puisqu'elles sont revelées ; mais qu'ils ont le malheur de ne vouloir point admettre , parce que leur raison les desavoue. Du reste, ils ne croyent qu'un Dieu, l'adorent, l'aiment , & s'aiment entr'eux. La nature est toujours leur regle. Ils pensent que pour pratiquer les devoirs ils n'ont besoin que de ce cri du cœur qui nous avertit d'être justes & humains.

L'Auteur paroît avoir écrit long-tems après la naiſſance de Jeſus - Chriſt. Cependant on ignore le ſiécle où il vivoit. On ſçait encore moins ſon état. Les Guébres tiennent là - deſſus un ſecret que rien ne peut leur faire violer. Il a fallu à mon ami uſer d'artifice pour leur enlever ce Livre , qu'ils regardent comme un tréſor.

J'avois condamné cette foible traduction à une éternelle obſcurité. Je craignois de miſérables alluſions que les petits eſprits ne manquent jamais de faire. Mais mes Amis m'ont perſuadé enfin que je ne devois pas immoler à ce ſcrupule l'utilité que de bons eſprits en pourroient retirer.

# ZOROASTRE

## OU

## L'HISTOIRE

## DES GUEBRES.



L'ORIGINE des Guebres est la même que celle du monde; leurs loix sont celles que la nature a données : celles qui ont rendu heureux les premiers âges de l'Univers. Les hommes sortis des mains du Créateur suivoient sans peine ces caracteres ineffa-

A

çables de justice que sa main bienfaisante a gravés dans nos cœurs. Leur raison leur présentoit un être dominateur de cet Univers. Tout ce qui les environnoit leur retraçoit les bienfaits qui découloient de son sein. Un culte simple, mais pur, annonçoit à toute la terre les tendres hommages qu'ils rendoient à sa gloire. Un second sentiment les portoit à aimer ces êtres semblables à eux. Un mouvement plus doux encore les enchaînoit à ces compagnes aimables que la Nature fait si souvent triompher, par les graces de la figure, de l'empire de la raison & de la force. La terre ouvroit son sein fertile à leurs mains laborieuses, & les tendres voluptés étoient le prix de leurs fatigues passées, jusqu'à ce qu'un sommeil paisible les préparât à de nouvelles. Ainsi ils passoient des jours commencés par l'expression de leur reconnoissance pour l'Auteur de leur bonheur, continués par des travaux fructueux, terminés par les innocens plaisirs. Jours heureux! vous durâtes trop peu. Les transports farouches prirent la place des passions vertueuses. L'amour fut soupçonneux, l'amitié infidéle, la force injuste. L'envie de dominer infecta les cœurs. Les mains pures n'avoient point encore été souillées du

meurtre. Bientôt la terre but le
fang de fes enfans. Les Conqué-
rans parurent avec les parricides.
La gloire, le prix de la vertu, fut
le partage des crimes heureux.
Le Prêtre avare vendit fa voix à
l'injufte puiffance, & pour comble de maux la baffe fuperftition
mit les menfonges fanguinaires
à la place des vérités bienfaifan-
tes. L'Univers gémiffoit fous le
triomphe de l'erreur. Les mœurs
& le culte raifonnable fe per-
doient dans les abfurdes préjugés ; quelques hommes éclairés
appercevoient le nuage, mais
leurs mains impuiffantes faifoient
de vains efforts pour écarter le
bandeau, où leur voix timide

n'oſoit indiquer les foibles lueurs qui ſe préſentoient à eux. Un ſage parut & oſa montrer la vérité aux mortels. Zoroaſtre nâquit en Aſſyrie 2000 ans avant l'Ere des Nazaréens. Sa patrie étoit ſous l'oppreſſion des Tyrans enfans de Bélus. Sa naiſſance l'avoit attaché aux Autels de ce Conquérant. Son pere, Prêtre de ce Dieu biſarre, l'inſtruiſit au myſtere de ſon culte ; mais cet enfant en perça bientôt les chimeres. Sa raiſon foible encore lui préſentoit dès-lors dans l'idée d'une Divinité maîtreſſe du monde, un pere bienfaiſant, & ne pouvoit s'accommoder d'un Dieu qu'on ne lui peignoit que comme le deſtructeur des mortels. Ainſi ſûr qu'il étoit dans le menſonge, il ignoroit quelles vérités il falloit y ſubſtituer. Un amour, un panchant invincible pour elle le portoit à la chercher. Il interrogeoit ſes Concitoyens, mais que trouvoit-il ? Des voix, inſtrumens de l'ignorance, ou eſclaves de l'intérêt. Ces erreurs même lucratives lui aſſuroient les hommages des hommes. Mais aux yeux du ſage, qu'eſt-ce qu'une grandeur qui n'a pour appui que des chimeres ? Qu'eſt-ce qu'une gloire que l'on n'achete que par de coupables illuſions ? Auſſi Zoroaſtre dédaigna-t-il bientôt une pompe étrangere : Fuyons, diſoit-il, mes aveugles compatriotes. Allons au bout de l'Univers chercher la vérité que j'adore. Vérité sainte, Vérité augufte, en quel lieu charmez - vous encore les mortels ? En quel climat faites-vous briller encore votre flambeau ?

Plein d'une ardeur qu'il peut à peine contenir, il s'arrache de fon pays natal ; il marche à travers les campagnes heureufes de la Méfopotamie : il paffe dans les plaines de l'Idumée & parcourt les déferts de l'Arabie. L'Egypte étoit alors l'Oracle du monde. Ses habitans rendus induftrieux par les débordemens d'un fleuve, la terreur ou l'efpoir de fes moiffons, avoient trouvé les arts. Les loix contenoient un peuple heureux dans la vertu, & les Princes soumis à leur rigueur étoient les premiers instrumens de la félicité de ces contrées fertiles. Mais ce qu'on admiroit le plus, c'étoit la science de leurs Prêtres : ils étoient, disoit-on, les dépositaires des secrets de la Nature, & la puissance motrice de ce monde, n'avoit point d'obscurités pour eux. L'impatient Zoroastre vola pour les interroger. Que trop souvent la crédulité d'un peuple est favorable aux ministres des Dieux ! ces hommes si vantés n'étoient que des hommes chargés de plus de préjugés, plus persuadés de fables, plus éloignés par conséquent de la vérité, parce qu'elle est plus loin de la fausse érudition que de la simple ignorance. Le jeune Philosophe démêla bientôt l'imposture. Il s'arracha en soupirant de ces lieux. il marche vers ces climats qu'éclaire l'astre du jour lorsqu'il semble éteindre sa lumiere féconde dans le sein orageux des mers. La brûlante Afrique étoit moins sauvage par les monstres qu'enfantent ses déserts que par le culte insensé de ses peuples. La fertile Europe n'offroit qu'un théâtre plus brillant au mensonge, & la Gréce esclave des foibles tyrans, adoroit les mains qui détruisoient sa liberté. Vaste Tartarie, séjour de l'erreur, qu'offroient vos plaines stériles, & vos montagnes affreuses? Une Divinité aussi barbare que vous-même, à qui ses adorateurs n'offroient en hommage que le brigandage & l'injustice.

Zoroastre désespéroit de connoître cette vérité qui sembloit fuir devant lui : allons, disoit-il, retournons dans ma patrie. Sans doute des voiles impénétrables la dérobent aux yeux des hommes; cessons nos vaines témérités, que la triste incertitude soit désormais mon partage. Il s'avance vers l'Assyrie plein de douleur, & pénétré de son désespoir, il arrive dans cet état sur les rives du Bosphore.

Non loin de ces lieux où triomphe aujourd'hui la reine des villes abaissées sous l'empire du croissant, il est une plaine fameuse qui s'étend le long des deux mers qu'elle sépare. L'on trouve en avançant une vallée charmante que la nature embellit de toutes ses graces. Une chaîne de montagnes qui s'éleve dans le lointain, semble se confondre avec les nues, & la garantit du souffle glacé des aquilons ; puis une suite de collines s'abaissant par une pente douce jusqu'au rivage, offre par leur verd différent un spectacle enchanteur. Mille arbres courbés sous le poids de leur abondance , préſentent des fruits de toute eſpéce à la main du voya- geur. L'oranger mêle ſon or à l'aimable rubis des raiſins ; l'ana- nanas ſe releve par la paleur de l'olive ; le foible figuier appuie ſes branches fragiles ſur les ra- meaux d'un pomier fertile ; mille routes charmantes conduiſent ſous des berceaux que forment les lauriers , qu'embeliſſent les mirthes odoriférans ; une ſour- ce qui ſort du pied de ces heu- reux côteaux , ſe précipite à tra- vers une vaſte prairie couverte d'un gazon naiſſant ; puis ſe par- tageant en pluſieurs canaux , elle va perdre ſes flots dans la mer. Le Génie qui préſide aux jardins orne ſes bords de ſes dons les

plus chers. Les fleurs embelis-
fent ce riant féjour : la terre ex-
hale fes plus doux parfums ; les
oifeaux font retentir les bois
de la douceur de leur rama-
ge ; le tranquile Euxin préfente à
l'Aurore fes ondes paifibles ,
& l'éclat du Soleil fe perd aux
yeux du Spectateur dans les flots
agités du Bofphore.

Une douce furprife faifit Zoroaftre. Eh quoi! dit-il , tendre nature; mere libérale dont les mains
ont répandu tant d'agrémens fur
ces plaines heureufes ; l'homme
feroit-il donc le feul ouvrage informe de votre fageffe, ou une
groffiere ébauche de votre pouvoir? Foible, confus, incapable
de connoftre, & le défirant tou-

jours, n'a-t-il donc qu'un cahos d'inutiles souhaits, victime destinée aux troubles du doute, ou à l'esclavage de l'erreur ? Ensuite refléchissant sur lui-même : non sans doute, disoit-il : non, il n'en est point ainsi. S'il est un Dieu dont la main sage ait formé l'Univers, il n'a négligé aucune partie de son ouvrage, & quelle partie auroit dédaigné son pouvoir ? La seule que j'aperçoive capable de refléchir sur l'assemblage de tant d'êtres : pourquoi m'auroit-il donné cette intelligence qui ne se présente point dans les autres ? Pourquoi m'auroit-il accordé cette raison que n'ont point les merveilles même que j'admire. Oui, s'il est un

Dieu, il a voulu que je le con-
nuſſe, je le dois, je le puis. Mais
peut-être un aveugle haſard a-t-il
préſidéàcet étonnant aſſemblage?
Ma raiſon ſe revolte contre cette
idée; ces lieux enchantés indi-
quent une intelligence; mon
cœur me le dit: il m'annonce des
devoirs, je veux les pratiquer;
mais comment les pratiquer? A
peine en ſens-je l'exiſtence,
loin d'en dévoiler les objets.
Malheureux! je cheris la vertu,
je la cherche, un deſir violent
me montre la poſſibilité de l'ac-
querir... Mais cette vertu eſt-elle
cachée dans quelque coin de l'U-
nivers? Un pays la poſſéde-t-il
au préjudice d'unautre? Eh quoi!

ces loix preſcrites par le Créateur peuvent-elles être aſtreintes à des climats particuliers ? Peut-il même être difficile de les connoître ? Ah ! ou ces loix ſont fauſſes, ou, ſi elles ſont la régle de mes mœurs émanée de l'Auteur ſuprême, s'il veut, comme mon cœur me le dit, me juger ſur elles ; je dois les connoître, je dois les porter par-tout. Il s'arrête, & après une courte reflexion ; ces loix, où ſont-elles ? mon cœur a des mouvemens ſecrets : des inſtincts flateurs, des remords dévorans l'agittent ſans ceſſe ; c'eſt-là ſans doute, où je dois chercher la vérité ; c'eſt-là où je dois l'interroger ; c'eſt-là où je dois la dévoiler

voiler à travers les nuages, dont
la main de mes peres a fasciné
mes sens ; ce n'est point dans
des climats éloignés que je dois
entendre ses sons vénérables.

Aussi-tôt il prend la résolution
de n'avoir que ses propres refle-
xions pour guide ; il veut se sé-
parer du reste des mortels, jufqu'à ce que ses idées pures le
mettent en état de les éclairer.
le lieu où il étoit offroit assez à
sa frugalité ; il voit dans un es-
péce de désert éloigné une grotte
profonde, il y marche, la sagesse y descend avec lui. Là,
dans un paisible silence, il rap-
pelle les objets qui l'ont arrêté.
Tout lui retrace l'idée d'un Dieu.

B

Sa raison le reconnoit par-tout,
il sent qu'il doit être intelligent,
il comprend que cette propriété,
la premiere de toutes, doit ap-
partenir à ce souverain qui lui
en a donné cette portion qui fait
son excellence. L'économie de
cet Univers lui fait naître l'idée
de sa sagesse ; la grandeur de ce
monde, ses loix constantes, ses
ressorts inconnus & si divers lui
montrent sa puissance ; le bonheur dont il jouit dans ces pensées délicieuses le pénétre de sa
bonté. Je vous adore, Dieu
Tout puissant, dit-il, recevez
ici le premier hommage que vous
offre ma raison éclairée. Etre in-
visible, Etre éternel, (car quel

autre eût pû vous donner naiſſance ?/Suprême intelligence, ne dédaignez pas cette voix qui célébre votre grandeur, recevez ſur votre thrône ces vives expreſſions de ma gratitude. Cette première vérité le conduit à une ſeconde. Il ſe voit né pour la ſociété : l'intérêt, les plaiſirs, un mouvement aveugle qu'il ſent qu'il ne peut captiver, tout l'attache aux autres hommes. Enfans du même pere, ils lui paroiſſoient tous ſes freres : ils doivent ſe rendre heureux. Il déteſte ces vices deſtructeurs de la ſociété : la noire injuſtice, la baſſe calomnie, le vain orgueil, la folle préſomption de ſoi-même.

il comprend qu'il doit foulager les malheureux : fes mains lui paroiſſent faites pour eſſuyer les larmes de l'infortune, il ne met point d'autres bornes à ſon tendre amour pour les autres que les defirs de ſon propre bonheur. Que la vengeance lui ſembla baſſe, & que le mépris des injures lui parût grand ! Laiſſons, diſoit - il, au divin Oromaſe le foin de punir les coupables ; répandons les bienfaits, & laiſſons lui lancer les foudres. Enfuite il reflechiſſoit fur les mouvemens tumultueux qu'excite en nous le defir de rendre aux autres le premier & le plus cher préſent de la nature. Seroient-

ils donc des crimes ? Eh quoi !
l'unique moyen d'entretenir l'U-
nivers feroit un forfait ! Ce
moyen de fe reproduire feroit
donné par un Etre tout pur, &
on le croiroit fouillé : lui-mêm:
nous infpireroit ces doux fentimens, ( car tous les hommes les
ont, & cet univerfalité eft le cri
de la nature ) Et cependant ces
fentimens aimables feroient illi-
cites ! Que dis-je, pourroient-ils
n'être pas vertueux ? Douce ten-
dreffe, amour charmant, toi qui
fais renaître fans ceffe ce monde
merveilleux ; c'eft toi qu'un pré-
jugé barbare ofera profcrire !
J'ai reçu le jour, ce don inefti-
mable ! un autre peut le recevoir

de moi, la nature m'en presse, & l'on peut me faire un crime d'écouter sa voix : ah! c'en seroit un de s'y refuser ; ce seroit flétrir l'Auteur des plus doux sentimens qui me les donne pour me rendre heureux. Ils sont le plus tendre présent de sa bonté ; c'est un écoulement de cette félicité qui fait son partage ; c'est le plus beau sacrifice que je puisse faire à sa gloire.

Ainsi le Sage vengeoit la nature des bisares préjugés qui la combattoient ; mais portant ses vûes plus loin, un terme fatal, ajoûtoit-il, est préparé par tes mains à notre vie : quand j'aurai touché les bornes de mes jours : Dieu ! quel sera mon partage ? Un néant affreux doit-il m'ensevelir ? Ou ce qui pense en moi sera-t-il immortel comme toi-même ? Oui, & cette espérance me charme , je vois au delà du tombeau un Juge équitable , prêt à m'offrir le prix de mes vertus , ou la peine de mes crimes. En effet , le vice triomphe souvent, & combien la vertu ne gémit-elle point sous ses fureurs ! Tout est ici confondu : Pourroit-il se faire qu'un Dieu juste ne la vengeât point de ce funeste désordre ? Ainsi il se formoit un système tiré de lui-même, ainsi il embrassoit ces sublimes objets : le culte d'un Dieu, l'amour pour les hommes, & l'ef-

poir de l'avenir. Le jour renaif-
fant rendit trente fois aux mortels leurs inquiétudes & leurs
travaux ; tandis qu'il s'occupa à
méditer dans cet antre ; il fortifia
fon cœur à la vertu, il accoutu-
ma fon efprit à l'aimer & à la
cherir, il ne fortit que réfolu de
fe conformer à ces loix qu'il s'é-
toit prefcrites.

Depuis ce tems il devint pai-
fible ; fon cœur goûta une fa-
tisfaction qu'il n'avoit jamais
connue. Un feul point manquoit
à fon bonheur. Il aimoit les
hommes , & il les voyoit efclaves
des plus groffieres erreurs. La vérité lui étoit chere , & il la trouvoit par tout étrangere. En vain

la montroit-il à la terre, par tout
on détournoit la vûe. Le plus fage
des mortels étoit regardé comme
le plus vil frénétique. L'opulente
Tyr, la faftueufe Sydon, l'or-
gueilleufe Egypte, ne s'accom-
moderent point de ces loix.
L'Empire de Ninus fut le premier à les profcrire. Errant ,
perfécuté , chaffé de fa Patrie , Zoroaftre paffe en Bac-
triane. Il cherchoit un afile contre fes cruels perfécuteurs. Il arrive au milieu d'un Peuple grof-
fier & barbare. Il approche de
la Capitale. Le Soleil éclairoit les
murs de cette Ville informe. Il
en étoit encore affez loin. Il en-
tend le bruit des trompettes. Il

précipite ses pas. Il approche. Un peuple immense environnoit un bucher. Un Roi y paroissoit avec toute sa Cour. Un Sacrificateur entouré de Prêtres , sembloit attendre avec impatience une victime. Elle ne tarda point à venir. C'étoit une Vierge que la superstition sacrifioit à Bramane Dieu tutelaire de ces affreux climats. Le Soleil n'avoit pas quinze fois meûri les moissons depuis qu'elle avoit ouvert les yeux à la lumiere. Une beauté surprenante attiroit sur elle tous les regards. Hélas! ses graces avoient été la cause de son malheur. Ses cheveux flottoient sur les épaules. Une écharpe qui se lioit sous l'épaule gauche , laiſſoit voir les charmes innocens dont l'avoit embelli la nature. Sa démarche étoit noble , ſes yeux baiſſés vers la terre : quelques larmes arroſoient ſes belles joues : ſes bras étoient enchaînés par des liens de fleurs : une tendre mere faiſoit retentir les airs de ſes cris. Que la beauté eſt intéreſſante , quand elle eſt dans les malheurs ! un peuple entier fondoit en pleurs ; mais victime du noir Bramane , on auroit cru faire un crime de la ſouſtraire au coûteau ſacré: le cœur de Zoroaſte ne put tenir à ce ſpectacle. Sa tendre humanité fait éclipſer tout intérêt , & pouſſé peut-être par

un mouvement plus vif encore,
il court a l'Autel , & avec une
voix mêlée d'indignation & de
grandeur : Barbares , leur cria-
t'il , arrêtez ; que faites-vous ?
Quel sacrifice veut offrir votre
étrange aveuglement ? Si le noir
Bramane est le plus méchant de
tous les êtres , qu'est-il besoin de
l'honorer par vos sacrifices ?
Qu'esperer de la reconnoissance
d'un monstre farouche ? Si c'est
l'Auteur de votre existence à qui
vous rendez ces hommages ,
quelle folie de l'honorer par le
plus noir des crimes ! il vous
donne la vie , il offre sans cesse
les plaisirs à vos mains, il veut
vous rendre heureux ? & vous

penſez que le ſang des hommes
eſt pour lui un haulocauſte agréa-
ble ! eh quelle victime choiſit-on
pour ce ſacrifice affreux ? le chef-
d'œuvre de la beauté même, où
il s'eſt plû de faire eſſai des plus
doux charmes de la terre. Le feu
ſortoit des yeux de Zoroaſtre ;
un port auguſte, ce charme ſi foible aux yeux de ceux qui penſent,
ſi puiſſant auprès de la plûpart des
hommes , ajoutoit à ſes paroles.
Il parut aux yeux des Bactriens ,
un Dieu deſcendu Ciel pour les
confondre. Que l'éloquence eſt
puiſſante , quand elle plaide la
cauſe de la beauté ! à ce charme
ſéducteur s'unit la pitié naturelle:
l'humanité renaît dans les cœurs :

C iij

le peuple s'émeut : on commen-
ce à détester cette barbare céré-
monie. Un murmure s'éleve du
milieu de l'assemblée : les Prêtres
cependant invoquent à grands
cris le peuple : ils ordonnent
qu'on amene la victime ; mais il
se forme de toutes parts un bruit
confus, qui marque l'indignation.
Le grand Sacrificateur ose le pre-
premier se saisir de la Vierge timide. Zoroastre court à lui, plein
d'une ardeur où se mêloient mille
mouvemens divers ; il l'arrache
des bras du meurtrier ; les Prêtres
en foule s'empressent de la lui ravir ; le Peuple se range du parti
de Zoroastre ; il n'avoit qu'à laisser agir son courroux, c'étoit fait

de ces barbares Sacrificateurs ;
mais il ne se sert de son autorité ,
que pour l'appaiser , & les Prêtres
confus de lui devoir le jour , se
jettent à ses genoux , rendant
graces à sa clémence. La victime
fut conduite en triomphe, & Zoroastre la remet aux bras d'un Pere
qui baisant mille fois les mains de
son Libérateur , n'exprime sa reconnoissance que par ses sanglots.

Cependant le Roi étoit re-
tourné dans son Palais , agité
de mille pensées. Les préjugés dont il avoit été nourri ,
l'avoient empêché de se joindre
au peuple ; mais un esprit droit, un
cœur plein d'humanité l'avoient
pénétré de respect pour l'étran-

ger. Il paffa la nuit dans un trouble, dont il avoit peine à démêler la caufe. Il haïffoit l'erreur, il commençoit à croire qu'il la fuivoit ; mais que ne pouvoient pas encore fur lui l'exemple, l'habitude, une antiquité reculée, la crédulité de fes peres ? Encore, fi cet étranger lui montroit une lumiere pure ! un vif defir de l'entretenir l'agitoit avec violence.

L'aurore parut à fon gré précipiter trop tard les ombres de la nuit. A peine l'aftre du jour doroit-il la terre de fes premiers rayons, que le Grand-Prêtre demande audience au Palais. Il entre fuivi de fes Miniftres : Roi des Bactres, dit-il, le Dieu Bramane m'a apparu en songe. Ses yeux terribles préfageoient les foudres dont il devoit me confumer. Tremble, m'a-t-il dit, ta nation va perir. L'injure qu'on m'a faite ne peut être rachetée par trop de fang. Je veux bien encore fufpendre mon courroux; mais qu'on me livre inceffamment ma victime & qu'on y ajoute l'infame étranger qui a ofé fouiller mes mifteres.

Le Prince étoit jufte; l'artifice l'indigna. C'eft une loi, dit-il, qui m'eft facrée, de ne condamner perfonne fans l'entendre. Qu'on amene ici l'objet de votre haine; je vais lui nommer des juges. S'il eft coupable fon

fang va couler ; mais fi vous l'ê-
tes, doit-il expier vos crimes ?
Auffitôt il donne ordre d'ém-
mener Zoroaftre, il nomme les
plus éclairés de fa cour. Leur pro-
bité fit craindre aux Prêtres ;
mais ils étoient fi connus pour
juftes qu'ils n'oferent les refufer.

Zoroaftre paroît. Il s'avance
vers le trône du Prince avec un
air noble fans fierté, modefte
baffeffe. Etranger, lui dit le Roi,
comment avez-vous été affez té-
méraire pour arrêter le facrifice
du grand Bramane ? Grand Roi,
dit Zoroaftre, arrivé d'hier dans
ces climats, je connois peu &
vos loix & vos Dieux ; mais s'ils
exigent des crimes, que peuvent

ils être que des chimeres for-
mées dans la noire imagination
d'un furieux ? Eh qui pourroit honorer des monftres qui ne s'ho-
norent que du fang des plus aimables créatures ? On dit que
vous adorez fous le nom de Bra-
mané le Créateur de l'Univers.
Quelle affreufe idée vous formez-
vous de cet Etre ? J'entens le vain
bruit de mes adverfaires ; mais
qu'on compare les images qu'ils
vous préfentent, aux vérités aimables que j'adore. Ils vous le pei-
gnent fous les traits d'un tyran ;
mais je vous y repréfente un Pere.
Ils vous le montrent fans ceffe
armé de foudres , je vous le montre comme offrant fans ceffe les

bienfaits à la vertu : ils se per-
suadent qu'il impose la loi de dé-
truire vos semblables, & je crois
qu'il vous ordonne de les rendre
heureux. Ensuite développant ces
sublimes principes, il leur peint
un Dieu, pur, Eternel, Immense,
qui aime les hommes, qui leur
ordonne de s'aimer. Il leur fait
voir dans les services qu'on rend
aux autres, le moyen le plus sûr
de lui plaire. Il expose ces gran-
des idées : transmettre à la pos-
térité le jour qu'on a reçu de ses
peres, travailler à la terre, cette
mere commune qui nous porte,
& nous nourrit ; soulager sans
faste l'infirmité malheureuse, &
l'innocence infortunée. Le Roi

étoit charmé, les Prêtres frémis-
soient de rage, la Cour applau-
dissoit de toutes parts ; les Juges
levoient les mains & les yeux au
ciel. Les suffrages furent unani-
mes. Zoroastre fut absous & ses
cruels ennemis furent couverts
d'opprobres.

Cependant le Roi étoit impatient d'entretenir le Philosophe.
Quelques jours après il l'appelle.
Zoroastre n'avoit pas perdu son
tems, il s'étoit instruit dans la religion Bacttrienne. Un crime le-
ger, une frivole désobéissance
commise il y avoit cent siécles
par les Auteurs de notre origine,
avoit irrité Bramane contre leurs
malheureux descendans ; il les

avoit condamnés tous à des flâ-
mes éternelles; une innocente
poſtérité, des enfans même ex-
pioïent par des peines affreuſes,
interminables un crime qu'ils ig-
noroient. Il avoit, à la vérité,
jetté les yeux ſur un petit nombre
de favoris ; mais qu'eſt - ce que
ce nombre en comparaiſon des
triſtes victimes de ſa vengeance?
Il falloit pour mériter ces heureux priviléges paſſer en naiſſant
par les eaux du fleuve Oxus. La
vertu qui n'avoit point eu cette
expiation , tomboit confondue
avec les ſcélérats dans les noirs
abymes du tartare; tandis que le
parricide trempé de ſes eaux s'é-
levoit avec l'innocence au ſéjour

des heureux. L'amour des parens, la tendreſſe conjugale étoient oppoſés à la perfection. L'oiſiveté étoit le comble du mérite. Auſſi une foule étonnante d'hommes couloit dans une folle ſpécula- tion des jours deſtinés aux tra- vaux. On les voyoit courir en fou- le, s'engager à un noir eſclavage, jurer d'éteindre dans leurs cœurs tous les mouvemens de la nature; & ce qui étoit comble de la bizar- rerie, c'eſt qu'ils y renonçoient dans un âge où ils ils les con- noiſſoientàpeine. Auſſi violoient- ils ſans ceſſe ces ſermens impru- dens, & l'affreux adultere pre- noit ſouvent la place d'un inno- cent amour.

Le Roi des Bactres interrogea Zoroaftre fur tous ces points. Mille foupçons l'avoient agité fans ceffe ; le Philofophe lui en fit bientôt connoître tout-à-fait l'impofture. Il le défit de fes vains préjugés , & paffant en-fuite à la politique de fon empire: Grand Roi, lui difoit-il, appre-nez que la Religion & le bon-heur des Peuples eurent toujours des liaifons néceffaires. Si vous préfentez à vos Sujets un Dieu fa-rouche , tiran des hommes , comment poutront-ils s'aimer entr'eux ? Quelle humanité pour-rez-vous leur infpirer pour ceux qu'ils regarderont comme des victimes deftinées à la haine de

leur Dieu? De-là l'intolérance ,
cette furie deſtructrice des Etats ;
cette haine de religion ſi atroce
pour le Souverain qui gou-
verne , ſi funeſte à l'état qu'il
regit. Si à ces dogmes la ſuper-
ſtition ajoûte une idée de pareſſe,
ces hommes tyrans & voluptueux
languiront dans une oiſiveté con-
ſacrée par leur culte. Si pour comble de malheur les principales
richeſſes ſe trouvoient entre les
mains de ces vains ſpéculatifs ,
tout le ſuc de l'état reſteroit dans
ces membres & laiſſeroit le cœur
dans un état de langueur qui ne
pourroit à la longue que lui de-
venir funeſte. Vous pouvez re-
medier à ces abus. En vain le tems

D

& l'habitude viennent-ils appuyer ces chimères. La vérité peut avoir par vous une force plus puiſſante. Verſez les graces, & quittez les foudres : rendez vos peuples heureux ; c'eſt le moyen de les conduire ou vous voudrez. Les Rois ont deux ſortes de reſſorts : la force toujours dangereuſe & ſouvent criminelle ; la douceur toujours ſûre ; c'eſt celui qu'il faut employer : il gagne l'amour, il eſt la colomne la plus aſſurée de votre trône. Que la vérité eſt forte quand elle a le bonheur d'en être appuyée ! Enſuite répandez les premietes étincelles. Souffrez d'abord tous les cultes : ſur-tout ôtez toute violence dans la religion. La vraie n'a besoin que de n'être point opprimée. Usez d'un second moyen ; élevez des endroits publics où des Maîtres sages éclairent la Jeunesse. C'est préparer les esprits d'un nouvel âge. Protégez les fruits du génie. Plus vous donnerez de lumieres, plus vous verrez des vertus. Mais votre grand objet doit être d'animer l'industrie. Que l'utile labourage ait des honneurs. Que le commerce ait des récompenses solides. Que la félicité soit toujours le prix des talens laborieux. Ne sévissez pas contre les appuis de la superstition. La persécution montre qu'on les honore : le mépris est l'avant-coureur de leur chûte. Contentez-vous d'abolir les cérémonies sanglantes , & comblez peu à peu ces gouffres où vont se perdre les tendres espérances de l'avenir. Laissez mourir en murmurant les infortunés qui habitent ces sombres cachots. Mais défendez que de nouveaux s'y précipitent. Surtout souvenez-vous que la richesse d'une terre consiste toute entiere dans le nombre de ses cultivateurs. Favorisez-le par les récompenses attachées au nœud respectable de l'hymen, & par des opprobres dont vous couvrirez ceux qui en dédaignent les douceurs ou qui en redoutent le fardeau.

Ainſi parloit Zoroaſtre ; ainſi
il donnoit des conſeils à tous les
Rois dans la perſonne du Roi des
Bactres. Le Prince les ſuivoit
avec ardeur ; le ſage en preſſoit
ou moderoit l'exécution au gré
de la prudence. L'état changea
bientôt de face. Les terres incultes
étoient cultivées ; les villes rebâ-
ties ; les marais deſſechés ſe cou-
vroient d'une riche moiſſon ; les
forêts ſe changeoient en campagnes fécondes. Mille vaiſſeaux ſortis
des ports nouveaux , quittoient
les bords de la mer Caſpienne ,
& ramenoient de l'Aſſirie , ou du
fond de la Colchide , les com-
modités précieuſes , échangées
contre une inutile abondance.

Les mœurs s'épuroient, les loix
étoient respectées , les peuples
étoient vertueux , tous fortunés ,
paisibles, bénissoient la main qui
formoit leur bonheur. Zoroastre
étoit dans la bouche des hommes
comme un Dieu. Le Prince charmé de sa gloire , la partageoit ;
puisqu'il n'en étoit point jaloux.
La superstition désespérée lui
rendit mille piéges ; mais son ha
bileté sçavoit les découvrir & sa
clémence sçavoit mieux encore
les pardonner. Il étoit sans cesse
occupé à appaiser son Prince pour
ses ennemis. Il ne l'abordoit jamais que pour lui présenter la
cause des Malheureux. Enfin l'envie se tut , & les persécuteurs de-

vinrent eux-mémes les apologis-
tes de son mérite.

Le Roi mourut sans enfans.
Tous jetterent les yeux sur lui. Il
saisit avec plaisir le gouverne-
ment ; c'étoit un moyen de faire
des heureux. Son amour associa
à son pouvoir une personne bien
digne de ce rang ; c'étoit celle
qu'il avoit sauvée de l'affreux sacrifice. Sa beauté étoit moindre
que sa vertu. Jamais union ne fut
plus fortunée. Zoroastre trouvoit
dans sa tendresse un doux délasse-
ment de ses travaux. Ils tendoient
tous au bonheur de ses sujets. Le
Roi qui l'avoit précédé , avoit
aimé la magnificence , Zoroastre se réduisit à une noble simpli-

cité. Il croyoit que la plus sûre maniere de se faire respecter étoit de se rendre utile. Dès le premier jour il retrancha cette foule de gardes qui environne les Rois. Les cœurs de mes Sujets, disoit-il, font ma sûreté ; je les aime, pourroient-ils me haïr ? Je les rends heureux, qu'aurois-je à en craindre ? Les impôts sur-tout lui étoient odieux. En vain lui représentoit-on que les trésors font les forces de l'Etat, il étoit sûr de retrouver avec usure dans le trouble des orages ce qu'il laissoit à son peuple dans le calme.

Sa réputation vola bientôt hors du Royaume. L'Univers retentit du bonheur des Bactriens. Les

Scithes attirés par l'espérance du butin, vinrent l'attaquer. Zoroastre tenta tout pour leur arracher les armes. Il frémissoit de souiller ses mains dans le sang des hommes. Dieu puissant, disoit le Philosophe, suis-je donc condamné à être le destructeur de ceux dont le bonheur me seroit si cher. Mais enfin voyant les ennemis enhardis par son humanité qu'ils regardoient comme foiblesse, il marche vers eux. Qu'un peuple est fort quand il combat pour une liberté qui le rend heureux! Qu'un prince est redoutable, quand il commande un peuple qui l'aime! Ces Scithes terribles furent de vils troupeaux. Le premier inſtant du combat ſut celui de leur ſuite , & devint celui de la clémence du vainqueur. On le voyoit courir à ſes ſoldats , s'oppoſer à leur fureur , arracher les armes de leurs mains , & forcer la férocité de la victoire à ployer ſous les droits de la nature. Il revint dans ſa capitale comblé de gloire , chéri des ſiens, redouté des peuples limitrophes , reveré de tout l'Univers.

Il jouiſſoit en paix du prix de ſes vertus. La mort vint tout-à-coup lui ravir ſa tendre épouſe. L'amour lui arracha des larmes. La ſageſſe de Zoroaſtre n'étoit pas une ſageſſe farouche , qui ſe fait honneur d'étouffer les sentimens les plus justes. Il étoit sensible, & il ne rougissoit pas d'en donner des marques. Il se consoloit d'une perte si grande , par la prosperité de son peuple. Un orage nouveau vint fondre des côtes de l'Assyrie.

Ce vaste Empire avoit changé de face. Ses Provinces immenses plioient sous le joug d'une femme superbe. Sémiramis avoit immolé Ninus son époux. Son sang teignit les dégrés de son trône. Elle regna , elle fut heureuse , si l'on peut l'être dans le crime. Ses talens la faisoient admirer d'un peuple volage : son ambition suffisoit pour la rendre l'horreur des fages. Elle cherchoit à conquérir du côté de l'Orient. Jalouſe du paiſible éclat de Zoroaſtre, elle envoye une armée ſur les frontieres des Bactriens. La terre ſembloit avoir fourni tous ſes habitans ; comment une Province bornée pouvoit-elle oppoſer des défenſes à ce nombre prodigieux de combattans vainqueurs du reſte de l'Aſie ? Zoroaſtre pénétré de douleur, reſolu de périr avec ſon peuple, marchoit au-devant de ſes injuſtes adverſaires.

Un Hérault de l'armée de Sémiramis vient au-devant de lui. On menaçoit les Bactriens des dernieres extrémités : il n'étoit qu'une ſeule condition pour ſe

racheter de ce malheur. Semi-
ramis reclamoit Zoroaſtre comme ſon ſujet, pour le punir de
s'être ſouſtrait à ſon obéiſſance.
Le peuple indigné eut peine à
retenir ſa colere. Il demande les
armes. Zoroaſtre ordonne le ſi-
lence & avec une joie qu'il ne
pouvoit contenir : Peuple cher,
leur dit-il, tant qu'il s'agiſſoit
de vous défendre, j'ai conſeillé la
guerre. On ne demande aujour-
d'hui que moi, & j'irois vous ex-
poſer à une Puiſſance maîtreſſe
de l'Orient, implacable dans ſes
vengeances ! Non je parts, trop
heureux d'être une hoſtie im-
molée à votre bonheur. Des cris
& des pleurs ſe firent entendre

E iij

de toutes parts. Chacun étoit prêt de donner son sang pour le conserver. On parloit de le retenir malgré lui. Il presse en vain : pour la premiere fois on est sourd à sa voix. Enfin, prenant un ton d'autorité : Si je suis encore votre Roi, leur dit-il, je vous ordonne de me laisser partir. Allez, vivez heureux, Narbaze sera mon successeur : je n'exige qu'un prix de ce bienfait ; c'est de conserver vos vertus. Il descend aussi-tôt de son trône, perce la foule qui l'environne, & suivi de tout le camp qui crie qu'on lui enleve un Pere, il se rend à l'armée qui le demande.

Le barbare Général charge

Zoroaſtre de fers & l'envoie à la cour de Sémiramis. Sa proſpérité n'avoit point corrompu ſes mœurs ; ſa diſgrace n'abattit point ſon courage. Au milieu de ſa captivité, il étoit toujours le même. Il paroiſſoit avec cette même ſérénité qu'on lui avoit vûe ſur le trône. Et que pouvoit lui ôter l'injuſtice ? Il portoit toujours dans ſon cœur un ſouvenir qui le rendoit heureux. Il jouiſſoit du plaiſir d'avoir fait le bonheur des hommes. La vertu étoit incommode même dans les fers, à l'impure Cour de Sémiramis. On l'envoya bientôt en exil en Méſopotamie.

Ses campagnes ſont les plus

belles de l'Univers. Deux fleuves
fameux fertilifent ces beaux lieux.
La terre produit en abondance
les befoins & les plaifirs des mortels. Un climat heureux unit toujours les fruits utiles de Pomone
aux dons brillans de Flóre ; mais
les habitans fauvages des ces plaines fortunées connoiffoient à
peine les premiers droits de l'humanité. Zoroaftre y parut avec
le mépris attaché à la captivité.
Il conduifoit les troupeaux au milieu des compagnons de fes malheurs plus vils encore que les ani-
maux dont ils étoient les con-
ducteurs. Quelle trifte compa-
raifon pour lui quand il fongeoit
à fes chers Bactriens dont fes

vertus l'avoient fait ses délices ,
& qu'il voyoit ces habitans farouches ! cependant il ne defef-
peroit pas de les adoucir. Il re-
marquoit que les jours de fête ,
ces féroces Bergers se réunissoient
pour célébrer des cérémonies
barbares ; il en profita. Sa sagesse enjouée attira d'abord un
peuple grossier. Ensuite dévoi-
lant peu à peu ses loix ; il leur
chantoit les tendres voluptés de
l'amour , il décrivoit les tranqui-
les plaisirs de la vie champêtre ,
quelquefois il leur rappelloit cet
être suprême dont il leur peignoit
les bienfaits : enfin il leur montra
les charmes de l'humanité : il leur
vanta le prix d'une société où re-

gnoit la douceur. Ces hommes reſtoient dans l'admiration : tous accouroient en foule pour l'entendre. On rougiſſoit déja des vices : on vint à aimer la vertu : bientôt on oſa la ſuivre.

Zoroaſtre devint l'arbitre des Bergers. Les mœurs s'adoucirent; les querelles furent bannies: l'amitié lia les cœurs : le foible eut des ſecours dans les mains du riche : la volupté trouva de nouvelles douceurs dans l'innocence de l'amour : un culte pur honora l'Etre qui anime cet Univers. Les champs retentiſſoient du récit de ſes bienfaits. Tous les ſons furent formés par la reconnoiſſance ou marquerent la grandeur de leur bonheur. Zoroaſtre après avoir gouverné ces peuples juſques dans une ex‑tréme vieilleſſe, mourut révéré comme un Dieu & regretté com‑me un Pere.

L'Univers conſerva longtems ſa mémoire. Ses Loix regnent encore aujourd'hui dans les lieux où elles ont pris naiſſance. Les Guebres ſont dépoſitaires des précieuſes vérités qu'il leur a tranſmiſes. Ils ſont répandus dans l'Orient, obligés de ſe cacher à de viles ſuperſtitions qui les per‑ſécutent. Foibles, en petit nom‑bre, ſans biens, ſans honneurs, ils ſont plus heureux que leurs cruels oppreſſeurs; parce qu'ils ont les deux plus grands biens des hommes : LA VÉRITÉ ET LA VERTU.

FIN.

www.ingramcontent.com/pod-product-compliance
Lightning Source LLC
Chambersburg PA
CBHW071346030726
47594CB00002B/774